AF124137

www.ingramcontent.com/pod-product-compliance
Lightning Source LLC
LaVergne TN
LVHW010421070526
838199LV00064B/5375

9789358729498

اللہ ایک ہے

کا مطلب

(مضامین)

(islamqaonline.com ویب سائٹ سے ماخوذ مواد)

مرتب:

اعجاز عبید

© Taemeer Publications LLC

Allah aik hai ka matlab (Essays)

by: Aijaz Ubaid

Edition: March '2024

Publisher :

Taemeer Publications LLC (Michigan, USA / Hyderabad, India)

ISBN 978-93-5872-949-8

مصنف یاناشر کی پیشگی اجازت کے بغیر اس کتاب کا کوئی بھی حصہ کسی بھی شکل میں بشمول ویب سائٹ پر
اَپ لوڈنگ کے لیے استعمال نہ کیا جائے۔ نیز اس کتاب پر کسی بھی قسم کے تنازع کو نمٹانے کا اختیار
صرف حیدرآباد (تلنگانہ) کی عدلیہ کو ہو گا۔

© تعمیر پبلی کیشنز

کتاب : **اللہ ایک ہے کا مطلب** (مضامین)

مرتب : **اعجاز عبید**

پروف ریڈنگ / تدوین : اعجاز عبید

صنف : مذہب

ناشر : تعمیر پبلی کیشنز (حیدرآباد، انڈیا)

سالِ اشاعت : ۲۰۲۴ء

صفحات : ۳۴

سرورق ڈیزائن : تعمیر ویب ڈیزائن

کلمے کا سادہ مطلب

کلمۂ طیبہ لَا اِلٰہ اِلا اللہ کا مفہوم یوں بھی بیان کیا جاتا ہے کہ "اللہ ایک ہے"، یا "اللہ کا کوئی شریک نہیں ہے"۔ اور یہی مفہوم سورۂ اخلاص (قُلْ ھُوَ اللہُ اَحَدٌ) میں بھی پایا جاتا ہے۔

ہر کلمہ پڑھنے والا، چاہے وہ کسی گروہ سے تعلق رکھتا ہو، اس مفہوم کا قائل ہوتا ہے اور اسے اسلام کی بنیاد سمجھتا ہے۔

اللہ تعالیٰ کا ایک اور اکیلا ہونا ایک بڑا اور وسیع لفظ ہے جس میں کچھ اہم باتیں اور مفاہیم شامل ہیں۔ محض اتنا کہہ دینے سے کہ "اللہ ایک ہے"، اللہ کے ایک کہلانے کا حق ادا نہیں ہو سکتا جب تک اس "ایک ہونے" کی مراد اور حقیقت کو نہ پہنچا جائے۔

تمام قومیں اللہ کو ایک مانتی ہیں

ہندو، سکھ، پارسی، عیسائی، یہودی، مجوسی وغیرہ سب کے سب نہ صرف اللہ کے وجود کو مانتے ہیں بلکہ اس کے ایک ہونے کے بھی قائل ہیں۔ اس کے باوجود یہ

سب مشرک ہیں۔ اللہ کے آخری پیغمبر محمد رسول اللہ صلی اللہ علیہ وسلم کے دور میں مکہ کے مشرکین بھی اللہ کو ایک مانتے تھے۔ قرآن مجید میں کئی جگہ اس کی وضاحت موجود ہے۔

لہٰذا اصل جھگڑا یہ نہیں ہے کہ اللہ کو ایک مانو یا اللہ کو ایک کہو۔ اصل جھگڑا اس تفصیل میں ہے کہ اللہ کے ایک ہونے کا اصل اور صحیح مطلب کیا ہے اور کوئی اور اس کا کیا مطلب لیتا ہے؟

ایک ماننے کے باوجود مشرک

عیسائی اللہ کو ایک سمجھتے ہیں لیکن اس کے ایک ہونے سے ان کے نزدیک یہ لازم نہیں آتا کہ اس کی کوئی اولاد نہ ہو۔ معاذ اللہ۔ ہندو بھی ایک ہی بھگوان کو مانتے ہیں۔ لیکن اس ایک ماننے کا مطلب وہ یہ نہیں لیتے کہ اس کے جیسی صفات اور خصوصیات رکھنے والے اس کے اپنے اوتار اور دیوی دیوتا وغیرہ نہ ہوں۔ بالکل اسی طرح اب بہت سے "مسلمان" جو یقیناً اللہ کو ایک کہتے اور مانتے ہیں، وہ ایسے نظریات اور اعمال کے قائل ہیں جو واضح طور پر اللہ کے ایک ہونے کے تصور کی مخالفت کرتے ہیں۔ لیکن خود ان "مسلمانوں" کے نزدیک ان نظریات و اعمال سے اللہ کے ایک ہونے کے نظریے میں کوئی فرق واقع نہیں ہو رہا ہوتا۔!

مشرک ہونے کی وجہ

ان سب باتوں کی وجہ وہی ایک ہے۔ یعنی اللہ کے ایک ہونے کے صحیح اور

مکمل مفہوم کا نگاہوں سے اوجھل ہونا۔ یہ مفہوم اگر عیسائی پر واضح ہو جائے تو وہ عیسائی نہ رہے، ہندو پر کھل جائے تو وہ اپنا دَھرم چھوڑ دے۔ اور اگر اس نام نہاد مسلمان پر آشکار ہو جائے تو وہ حقیقتاً مسلمان ہو جائے۔ وَمَاتَوفِیقِیُ اِلَّا بِاللہ۔

جن جن قوموں میں اللہ تعالیٰ نے اپنے رسول علیہ السلام بھیجے، ان میں سے ہر قوم نہ صرف اللہ کے وجود کو مانتی تھی بلکہ اس کے ایک ہونے کی بھی قائل تھی۔ لیکن اللہ کا ایک ہونا ان پر مکمل اور صحیح طور پر واضح نہ تھا جس کی وجہ سے وہ اپنے نظریات اور اعمال میں اس عقیدے کی مخالفت کا ارتکاب کرتی رہتی تھیں۔ یوں انہوں نے اللہ کی بندگی کے حقوق کی وہ پاسداری نہ کی جو اللہ کا حق ہے۔

وَمَا قَدَرُوا اللہَ حَقَّ قَدرِہٖ

اور (لوگوں نے) اللہ کی قدر نہیں کی جیسے کہ اُس کی قدر کی جانی چاہیے تھی۔

انبیاء علیہ السلام اسی عقیدے کی درستی اور اعمال کو اس کے مطابق استوار کروانے کے لئے بھیجے گئے۔ قوموں کے کافر کہلانے جانے کی اصل وجہ بھی عقیدے کی یہی خرابی تھی۔

ایک ماننے کی مخالفت کے انداز

چنانچہ ماضی میں اور آج بھی، جو قومیں اللہ کو ایک ماننے کے باوجود مشرک ہیں وہ یہ نہیں کہتیں کہ "اللہ دو ہیں" یا "اللہ بہت سارے ہیں" (معاذ اللہ، استغفر اللہ)۔ بلکہ یا تو وہ اللہ کی بعض صفات میں نقص مان کر اور ان میں اس کو مخلوق کے برابر یا اس کے جیسا قرار دے کر شرک کی مرتکب ٹھہرتی ہیں اور یا پھر بعض مخلوق

کو ان کی کسی صفت یا صفات میں خالق جیسی صفات کا (تھوڑا یا زیادہ) حامل سمجھ کر مشرک قرار پاتی ہیں۔ پہلی صورت میں خالق کا کسی مخلوق کی شکل میں دنیا میں نمودار ہونا یا کسی مخلوق کے اندر حلول کر جانے کا عقیدہ شامل ہے (جیسا کہ عیسائیوں وغیرہ کے عقائد ہیں) جبکہ دوسری صورت میں کسی مخلوق کے اندر کسی ایسی صفت کے موجود ہونے کا نظریہ رکھنا جو اللہ تعالیٰ میں پائی جاتی ہو، شامل ہے۔ ہر دو صورت میں، یہ مشرک قومیں اللہ کو ذات اور ہستی کے اعتبار سے تو ایک مان رہی ہوتی ہیں، اور مخلوق کو مخلوق ہی سمجھ رہی ہوتی ہیں۔ لیکن کہیں نہ کہیں اللہ کو مخلوق کے برابر کھڑا کر کے، یا مخلوق کو اس کے برابر لے جا کر شرک کا ارتکاب کر رہی ہوتی ہیں۔

اللہ کے ایک ہونے کا مطلب کہاں سے لیا جائے؟

اللہ کے ایک ہونے کا عقیدہ اللہ کی ذات کے تعارف اور اس کی صفات کے بھرپور مطالعے سے حاصل کیا گیا ہو تو اس میں نقص کا امکان نہ ہونے کے برابر ہوتا ہے۔ اللہ نے اپنی صفات خود بیان کی ہیں۔ رسولوں نے وحی اور آسمانی کتابوں کی روشنی میں ان صفات کو کھول کھول کر بیان کیا ہے۔ قرآن مجید اللہ تعالیٰ کی صفات کے تذکروں سے بھرا پڑا ہے۔ ان صفات کی نشانیاں کائنات کے ان گنت مظاہر کی شکل میں اور خود انسان کے اپنے نفس کی صورت میں جابجا موجود ہیں، جو اللہ کے ایک ہونے کا پتہ دیتی ہیں۔

اللہ کے ایک ہونے کے تصور کی بنیاد

اللہ تعالیٰ اپنی ذات اور تمام صفات میں یکتا اور بے مثال ہے۔ اللہ کے ایک ہونے کے عقیدے کا بنیادی تصور یہی حقیقت ہے۔

لَيۡسَ كَمِثۡلِهٖ شَيۡءٌ (الشوریٰ:۱۱)

"کوئی بھی شے اس (اللہ) کے جیسی نہیں ہے ـــــــ"

وَلَمۡ يَكُنۡ لَّهٗ كُفُوًا اَحَدٌ (الاخلاص:۴)

"اور کوئی ایک بھی اس کا ہم سر نہیں ہے۔"

ایک ہونے کے صحیح تصور کی وضاحت

کسی شے یا ہستی کا "اللہ تعالیٰ کے جیسا نہ ہونے" اور "اس کا ہم سر نہ ہونے" کا مطلب جہاں یہ ہے کہ کوئی شے "مکمل طور سے" اللہ تعالیٰ جیسی اور اس کے برابر نہیں ہے، وہاں یہ بھی ہے کہ کوئی شے یا ہستی کسی بھی لحاظ سے، کسی بھی درجے میں (کم یا زیادہ) اللہ کے جیسی نہیں ہے، اس کی کسی صفت کی حامل نہیں ہے۔

اللہ تعالیٰ کی ایک صفت "سننا" ہے، مخلوق کا سننا کسی بھی طرح، کسی بھی درجے میں اللہ کے سننے کی طرح نہیں ہو سکتا۔ نہ کم نہ برابر۔ ذرہ برابر بھی کسی مشابہت یا مماثلت کا تصور محال ہے۔ محض لفظی مُشابہت ہے۔

اللہ تعالیٰ کی ایک صفت "دیکھنا" ہے۔ مخلوق کا دیکھنا کسی بھی لحاظ سے، کسی بھی درجے میں اللہ تعالیٰ کے دیکھنے کی طرح نہیں ہو سکتا۔ نہ تھوڑا نہ زیادہ۔

اللہ تعالیٰ کی ایک صفت "جاننا" ہے۔ مخلوق کا جاننا کسی بھی طور سے، کسی بھی درجے میں اللہ تعالیٰ کے جاننے جیسا نہیں ہو سکتا۔ نہ محدود نہ غیر محدود۔

اللہ تعالیٰ کی ایک صف "قدرت اور اختیار رکھنا" ہے۔ مخلوق کا قدرت اور اختیار رکھنا کسی بھی انداز سے، کسی بھی درجے میں اللہ تعالیٰ کے قدرت رکھنے کی مانند نہیں ہو سکتا۔ نہ معمولی طور پر نہ غیر معمولی طور پر۔ صرف لفظی مُماثلت ہے۔

یہی معاملہ اللہ تعالیٰ کی باقی تمام صفات کا ہے۔ کسی مخلوق کی کوئی صفت کسی

بھی درجے میں اللہ تعالیٰ کی کسی صفت کے جیسے نہیں ہو سکتی۔ کوئی بھی ایک صفت یا خصوصیت اللہ تعالیٰ اوراس کی مخلوق میں کسی بھی طرح مشترک (Common or Similar) نہیں ہے۔ ایک ذرّے کے برابر بھی نہیں۔

خالق و مخلوق کی صفات کا اصل فرق

خالق اور مخلوق کی صفات کے درمیان جو اصل فرق ہے وہ کم زیادہ، یا محدود لا محدود کا نہیں ہے، جیسا کہ کچھ لوگ باور کرانے کی کوشش کرتے ہیں کہ اللہ کی صفات لا محدود اور وسیع ہیں اور ان میں سے فلاں فلاں صفات، فلاں مخلوق (مثلاً انبیاء علیہ السلام اور اولیاء s وغیرہ) میں بھی پائی جاتی ہیں، مگر ان میں وہ محدود اور غیر وسیع ہیں۔!! اللہ کی صفات بے شک لا محدود اور وسیع ہیں، مگر ان کا کسی مخلوق میں پایا جانا سرے سے ہی ناممکن ہے، ان کا محدود ہو جانا تو دور کی بات ہے۔

قرآن مجید میں ہے:

اِنَّمَآ اَمۡرُہٗۤ اِذَآ اَرَادَ شَیۡئًا اَنۡ یَّقُوۡلَ لَہٗ کُنۡ فَیَکُوۡنُ (یٰس:۸۲)

"وہ (اللہ) جب کسی چیز کا ارادہ فرماتا ہے تو بس اتنا کرتا ہے کہ اس کام کو حکم فرمادیتا ہے کہ "ہو جا" تو وہ کام خود ہی ہو جاتا ہے۔"

اِذَا قَضٰۤی اَمۡرًا فَاِنَّمَا یَقُوۡلُ لَہٗ کُنۡ فَیَکُوۡنُ (آل عمران:۴۷)

"وہ (اللہ) جب کسی کام کا فیصلہ کرلیتا ہے تو بس اس کو حکم فرمادیتا ہے کہ "ہو جا" تو وہ کام ہو جاتا ہے۔"

اللہ اسباب سے بے نیاز ہے

یہ ہے اللہ کی بے مثال صفات اور قدرت کی ایک مثال۔ اللہ تعالیٰ جس کام کا ارادہ فرماتا ہے، اس کے لئے اس کو اسباب، سامان، وسائل، ذرائع اور راستوں وغیرہ کی ضرورت قطعاً پیش نہیں آسکتی۔ وہ ان سب سے بے نیاز، بلند اور غنی ہے۔ کیونکہ یہ اسباب وغیرہ تو خود اس کے اپنے پیدا کردہ ہیں۔ جنہیں اس نے اپنی مخلوق کے لئے پیدا فرمایا ہے۔ البتہ اسباب و وسائل کسی کام کو تکمیل تک پہنچانے میں خود اللہ تعالیٰ کے محتاج ہیں۔ اللہ تعالیٰ کی مرضی نہ ہو تو کوئی سبب جس مقصد کے لئے بنایا گیا ہے، کارآمد ہو ہی نہیں سکتا۔ اللہ تعالیٰ کا ارادہ ہوتا ہے تو تمام اسباب خود بخود اللہ کے حکم کی تعمیل میں لگ جاتے ہیں۔

تمام مخلوقات اسباب کی پابند ہیں

البتہ انسان اور دیگر تمام مخلوقات کے افعال اور کوششیں اسباب و وَسائل کے ساتھ وابستہ ہیں۔ اللہ تعالیٰ نے ان کے لئے جو جو اسباب مقرر فرما دیے ہیں، انہیں اپنے کاموں کو سرانجام دینے کے لئے ان اسباب کو جمع کرنا اور انہیں بروئے کار لانا پڑتا ہے۔ غرض مخلوق کے ہر کام کے لئے اسباب مقرر ہیں اور اللہ تعالیٰ اپنے کاموں میں ہر ایک سبب سے بے نیاز ہے۔

مخلوق کی صفات کی حدود

خالق کی صفات کے لامحدود ہونے کی وجہ یہی ہے کہ وہ ہر سبب سے آزاد اور

پاک ہیں۔ جبکہ مخلوق کی صفات کچھ خاص اسباب کی قید میں جکڑے ہونے کی بناء پر ایک محدود دائرے سے باہر اپنا اثر نہیں رکھتیں۔ جو مادی اسباب کی اثر پذیری کا دائرہ ہے، وہی مخلوق کی صفات کی اثر پذیری کی حدود کو ظاہر کرتا ہے۔

فرق کی وضاحت

انسان سنتا ہے۔ اگر سننے کے بہت سارے اسباب میں سے صرف ایک سبب "ہوا"۔ موجود نہ ہو تو انسان ہرگز نہیں سن سکتا۔ اللہ تعالیٰ اپنے سننے میں تمام اسباب سے بے نیاز ہے۔ پھر، ہوا اور سننے کی صلاحیت کے ہوتے ہوئے بھی انسان اور ہر مخلوق کے سننے کی طاقت کا ایک مخصوص دائرہ ہے، جس کے باہر کوئی انسان کچھ اضافی اسباب مثلاً مخصوص آلات اور ایجادات کے بغیر ہرگز نہیں سن سکتا۔ جن کی اپنی کچھ حدود ہیں۔ جیسے ٹیلی فون وغیرہ۔ جبکہ اللہ تعالیٰ کو، سننے کے لئے ان میں سے کسی چیز اور سبب کی سرے سے ضرورت ہی نہیں۔ وہ تمام کائنات کی چھوٹی بڑی ہر ایک آواز کو سنتا ہے، ہر وقت سنتا ہے، اور براہِ راست کسی واسطہ، وسیلہ، ذریعہ سبب اور آلے کے بغیر سنتا ہے۔

انسان دیکھتا ہے۔ اگر دیکھنے کے بہت سارے اسباب میں سے محض ایک سبب "روشنی" موجود نہ ہو تو انسان ہرگز نہیں دیکھ سکتا۔ اللہ تعالیٰ اپنے دیکھنے میں تمام اسباب سے بلند تر ہے۔ پھر روشنی اور دیکھنے کی صلاحیت کے ہونے کے باوجود انسان اور ہر مخلوق کے دیکھنے کی قوت کا ایک خاص اور محدود دائرہ ہے۔ جس کے باہر کوئی انسان کچھ مخصوص آلات مثلاً دور بین، کیمرہ، سیٹلائٹ وغیرہ کے بغیر دیکھنے سے

قاصر ہے، جن کی پھر اپنی حدود ہیں۔ جبکہ اللہ تعالیٰ دور و نزدیک، کائنات کے ایک ایک ذرّے کو ہر وقت دیکھتا ہے۔ اور بغیر کسی واسطہ، وسیلہ اور سبب کے دیکھتا ہے۔

اللہ تعالیٰ اپنی صفات کو بروئے کار لانے میں ہر سبب سے بالا اور ماوراء ہے۔

بس یہی فرق ہے خالق کی صفات اور مخلوق کی صفات میں۔

اس فرق کا واضح ہونا، اللہ تعالیٰ کے ایک ہونے کا مطلب واضح ہونے کے لئے لازمی ہے۔

مخلوق کو کسی کام میں اسباب سے آزاد و بے نیاز سمجھنا، یا اسباب کو اس کا محکوم سمجھنا، اللہ تعالیٰ کے ایک ہونے کے نظریے کی مخالفت ہے۔

اسباب سے کیا مراد ہے؟ مادی یا ظاہری اسباب سے مراد وہ اشیاء، چیزیں یا عناصر وغیرہ ہیں جو اس دنیا میں زندگی گذارنے کے لئے انسان کے لئے لازم ہیں یا لازم ہو سکتے ہیں۔ ان میں بنیادی اہمیت ان چار کو حاصل ہے

آگ، پانی، مٹی اور ہوا۔ تمام مادی اشیاء یا چیزیں (جنہیں یہاں اسباب کہا جا رہا ہے) انہی چار بنیادی عناصر سے حاصل ہوتی ہیں یا انہی کی مختلف شکلیں ہوتی ہیں۔

اسباب کا اثر مخصوص اصولوں کے تحت ہوتا ہے

پھر ان اشیاء اور ان سے حاصل ہونے والے دیگر اشیاء کے عمل کرنے کے کچھ مخصوص اصول و قوانین ہیں جنہیں قادرِ مطلق نے اپنی حکمت کے تحت مقرر فرما دیا ہے۔ ان اصول و قوانین کو لوگ، طبیعی یا سائنسی قوانین کہتے ہیں۔ اشیاء کے خواص اور ان کا عمل یا تعامل یا تفاعل کرنا انہی ازل سے طے شدہ طبیعی قوانین کے

تحت ہوتا ہے، خواہ وہ قوانین لوگوں نے سب کے سب دریافت کر لئے ہوں یا نہ۔ جمادات (بے جان اشیاء) نباتات (پودے درخت وغیرہ)، حیوانات اور انسانوں کے اپنے افعال یا ان پر کیے گئے افعال کے ظاہری نتائج اور اثرات ان قوانین کی حدود سے باہر نہیں ہوتے۔ مثلاً ہوا سے بھاری اشیاء اگر ہوا میں آزاد چھوڑ دی جائیں تو وہ ہمیشہ نیچے زمین کی طرف گریں گی۔ نہ تو وہ اوپر کو جائیں گی اور نہ ہوا میں معلق ہی رہیں گی۔ یہ ایک طبیعی قانون ہے۔ لیکن اگر کچھ اور طبیعی قوانین، مثلاً قوت کے طبیعی قوانین کو مناسب طور پر عمل میں لایا جائے تو بھاری اشیاء ہوا میں معلق بھی رکھی جا سکتی ہیں، پرواز بھی کرائی جا سکتی ہیں اور نیچے سے اوپر بھی بھیجی جا سکتی ہیں۔ لیکن یہ کام بھی طبیعی قوانین کے تحت ہی انجام دیے جا سکتے ہیں۔

انسان کی قوت و اختیار کی حدود

انسان کی تمام تر طاقت اور اختیار کی حدود اِن طبیعی قوانین کے اندر اندر ہی ہوتی ہیں۔ کوئی انسان اگر یہ چاہے کہ وہ کوئی طبیعی قوت استعمال کیے بغیر کسی شے کو ہوا میں معلق کر دے، یا اُڑانا شروع کر دے، یا خود پرواز کرنے لگ جائے، تو یہ اس کے لئے قطعاً ناممکن ہے۔ یہی مطلب ہے انسان کے اسباب کا پابند ہونے کا۔

اسباب و قوانین اللہ کے محکوم ہیں

البتہ اللہ اگر چاہے تو طبیعی قوانین خواہ کچھ بھی ہوں، ہر چیز واقع ہو سکتی ہے۔ بھاری چیزیں بغیر کسی مادی سبب کے ہوا میں پرواز کر سکتی ہیں، پانی چلنے کے لئے

فرش کی مانند ہو سکتا ہے، جمادات (بے جان اشیاء) خود بخود حرکت کر سکتی ہیں، وغیرہ۔ لیکن ایسے کام صرف اور صرف اللہ کی قدرت اور اختیار میں ہیں۔ لہٰذا ان کی نسبت صرف اور صرف اللہ کی طرف کی جانی چاہیے، جبکہ ایسے کسی کام کا کہیں واقع ہونا ثابت ہو جائے۔ کیونکہ صرف اللہ تعالیٰ کی ذات اسباب اور ان کے قوانین سے پاک اور بلند ہے، اور سب اسباب و قوانین اس کی مخلوق اور اس کے حکم کے پابند ہیں۔

کچھ اور سائنسی قوانین

دیگر مسلمہ سائنسی قوانین میں کچھ طبی اصول بھی شامل ہیں۔ مثلاً یہ کہ ایک مردہ آدمی نہ تو خود سے زندہ ہو سکتا ہے اور نہ کوئی اسے زندہ کر سکتا ہے۔ کوئی بوڑھا آدمی یا نومولود بچہ یکایک جوان نہیں ہو سکتا، طویل عرصے تک کوئی شخص خوراک، پانی اور آکسیجن کے بغیر زندہ نہیں رہ سکتا، وغیرہ وغیرہ۔ میڈیکل سائنس کے تسلیم کردہ ان اصولوں سے کوئی بھی شخص انکار نہیں کر سکتا۔ تمام انسان یکساں طور پر اللہ کے طے کردہ ان اصولوں کے سامنے مجبور ہیں، خواہ وہ نیک ہوں یا بد۔

صرف اللہ جو چاہے کر سکتا ہے

البتہ اللہ تعالیٰ جب چاہے اور جس کے لئے چاہے، یہ اصول ٹوٹ سکتے ہیں۔ ایک مردہ آدمی صرف اللہ کے اِذن اور چاہنے سے زندہ ہو سکتا ہے۔ اور ایک بوڑھا آدمی یا نومولود بچہ صرف اللہ کے چاہنے سے یکایک جوان ہو سکتا ہے، وغیرہ وغیرہ۔ لیکن چونکہ ایسے کام صرف اور صرف اللہ کی قدرت اور اختیار میں ہیں (کیونکہ اسباب صرف اسی کے محکوم ہیں اور وہ ان کے قوانین سے بالا ہے) اس لئے اگر ایسے کسی کام کا کہیں واقع ہونا ثابت ہو جائے تو ان کا کرنے والا صرف اور صرف اللہ تعالیٰ کو ماننا چاہیے۔

اسباب کی پابندی میں تمام انسان یکساں ہیں

اللہ تعالیٰ نے کسی بھی قسم کی مخلوق کے لئے جو اسباب مقرر فرما دیے ہیں، وہ اس مخلوق کے تمام افراد کے لئے یکساں حیثیت کے حامل ہوتے ہیں۔ انسانوں کے کاموں کے لئے اللہ تعالیٰ نے جو اسباب طے کر دیے ہیں وہ تمام انسانوں کے لئے ایک جیسے ہیں۔ ان اسباب کو استعمال کرنے کی صلاحیت مختلف انسانوں میں کم زیادہ ضرور ہو سکتی ہے لیکن کوئی انسان ان اسباب سے کسی بھی معاملہ میں بالکل آزاد نہیں رہ سکتا۔ انبیاء علیہ السلام بھی انسان اور بشر تھے۔ وہ کھاتے تھے، پیتے تھے اور

بازاروں میں اشیائے ضرورت کی خرید و فروخت کے لئے آتے جاتے تھے۔ انہیں بھی تکالیف اور پریشانیاں محسوس ہوتی تھیں۔ بلکہ سب انسانوں میں سب سے زیادہ تکالیف انبیاء علیہ السلام نے ہی اٹھائی ہیں۔ اگر وہ اسباب کے بغیر زندگی گزارنے کی قوت رکھتے ہوتے، یا اُن پر اپنی مرضی کے مطابق قدرت رکھتے ہوتے تو سب سے پہلے اپنے آپ کو کھانے پینے کی سے آزاد کرتے، اور جن جن اسباب سے ان کو تکالیف پہنچتی تھیں ان کو اپنے سے دور کر دیتے۔ کون ہے جو طاقت رکھنے کے باوجود خواہ مخواہ تکلیفیں اور پریشانیاں اُٹھاتا رہے؟!

اللہ اپنے اختیار کا اظہار کس طرح کرتا ہے؟ البتہ بعض بہت ہی خاص حالات میں اللہ تعالیٰ اپنی قدرت سے اپنے برگزیدہ بندوں (انبیاء علیہ السلام اور اولیائے کرام) سے کچھ ایسے کام کروا دیتا ہے جو دراصل خود ان کی طاقت و اختیار سے باہر ہوتے ہیں، اور دنیا کے عام طبیعی قانون سے ہٹ کر واقع ہوتے ہیں۔ ایسے کام بہت شاذ و نادر ہوتے ہیں اور ان کے ہونے میں ان ہستیوں کی مرضی اور چاہت کا کوئی دخل نہیں ہوتا۔ نہ ہی ان ہستیوں کو لازمی طور پر ان اُمور کے ہو جانے کا پہلے سے علم ہوتا ہے۔ ایسے کام اللہ تعالیٰ انبیاء علیہ السلام سے ظاہر کرائے تو وہ معجزات کہلاتے ہیں۔ اور اگر یہ دیگر نیک ہستیوں سے صادر ہوں تو کرامات کہلاتے ہیں۔ معجزات و کرامات کے ذریعے اللہ تعالیٰ اپنے نیک بندوں کی مدد بھی کرتا ہے اور دیگر لوگوں کو اپنی قدرت کی نشانیاں دکھاتا ہے تاکہ وہ اللہ پر ایمان لے آئیں۔

صرف انہی معجزات پر ایمان رکھنا ضروری ہے جو قرآن اور صحیح احادیث سے ثابت ہوں۔ باقی رہیں کرامات، تو جب تک روایتوں کا سچا ہونا ثابت نہ ہو جائے، کسی

کرامت کو بیان نہیں کرنا چاہیے۔ نیز، عمومی طور پر تو کرامات کے وقوع پر یقین رکھا جائے لیکن (خصوصاً موجودہ دور یا ماضی قریب کے) کسی خاص واقعے کی نسبت سے کسی کرامت پر ایمان رکھنا لازمی نہیں۔

معجزات انبیاء کے اختیار میں نہیں ہوتے

معجزہ یا کرامت کا ہونا اس بات کی دلیل ہر گز نہیں ہوتا کہ وہ جس ہستی پر اللہ تعالیٰ کی طرف سے ظاہر کیا گیا ہے، وہ مادی اسباب کو استعمال کئے بغیر جو چاہے کر سکتی ہے، یا جو سبب جس خاص کام کے لئے بنایا گیا ہے وہ اس کے اندر سے اس کی تاثیر نکال سکتی ہے۔ یا یہ کہ اسباب اس کے محکوم ہیں اور وہ ہستی غیبی اختیارات رکھتی ہے۔ مثلاً آگ کا کام جلانا ہے۔ کوئی بھی شخص، چاہے وہ نبی ہو یا ولی یا عام آدمی، آگ سے جلانے کی تاثیر کوئی اور مادی سبب استعمال کئے بغیر ختم نہیں کر سکتا۔ جو بھی انسان عام حالات میں، کوئی کیمیکل یا مخصوص لباس استعمال کیے بغیر آگ میں داخل ہو گا، آگ اُسے ضرور جلائے گی۔ البتہ معجزہ یا کرامت کا واقع ہونا اس بات کی دلیل ضرور ہوتا ہے کہ اللہ تعالیٰ جب چاہے کسی کام کو اس کے اسباب کے بغیر واقع کروا دے یا کسی کام کے لئے موجود سبب میں سے اس کی تاثیر نکال دے۔ مثلاً چاند کا دو ٹکڑے ہو کر دوبارہ جڑ جانا عام حالات میں کسی انتہائی غیر معمولی سبب کے بغیر ممکن نہیں۔ لیکن اللہ تعالیٰ نے اس معجزے کو بغیر کسی سبب کے مشرکینِ مکہ کے سامنے رسول اللہ صلی اللہ علیہ وسلم پر ظاہر فرمایا۔ اسی طرح آگ کا کام جلانا ہے۔ مگر جب اللہ تعالیٰ نے اس کو حکم دیا تو وہ اپنی جلانے کی تاثیر کھو بیٹھی

اور سیدنا ابراہیم علیہ السلام پر سلامتی کے ساتھ ٹھنڈی ہو گئی۔

اللہ تعالیٰ نے کبھی کسی نبی علیہ السلامکو معجزہ پر قادر یا مختار نہیں بنایا، کہ وہ جب چاہیں اپنی قوم کے سامنے اس کا مظاہرہ کر لیں۔ اگر اللہ تعالیٰ چاہتا تو انبیاء علیہ السلام کے بغیر ہی اپنے معجزات لوگوں پر ظاہر کر دیتا۔ لیکن اللہ تعالیٰ کی حکمت اور طریقہ ہمیشہ یہی رہا ہے کہ اس نے ہر قوم میں اپنی عبادت کی دعوت اسی قوم کے کسی فرد کو رسول بنا کر بھیجی۔ اور ایک بھی حکم بغیر رسول کے نازل نہیں فرمایا۔ پس یہ بھی اسی حکمت کا تقاضہ تھا کہ اللہ تعالیٰ نے اپنے معجزات کا اظہار اپنے رسولوں کے ذریعے فرمایا۔

اللہ اپنے اختیارات کسی کو نہیں دیتا

غرض ایک بندہ کی مرضی اور چاہت ہے اور ایک اللہ کی مرضی اور چاہت۔ اور اسی طرح ایک بندہ کی قدرت و اختیار ہے اور ایک اللہ کی قدرت و اختیار۔ اللہ کی قدرت و اختیار اس قدر وسیع ہے کہ کائنات کا ذرہ ذرہ اسی کا غلام اور محکوم ہے، اور وہ اپنی ہر مرضی اور چاہت پوری کر سکتا ہے۔ اور بندہ خواہ نبی ہو یا ولی، اس کا اختیار اس قدر محدود، بلکہ اس قدر بے اختیار کہ مالک کے طے کردہ اسباب و قوانین کے تحت اسی کی غلامی کا پابند ہے۔ بھلا اللہ سبحانہ و تعالیٰ کو کیا ضرورت کہ کسی چھوٹی سے چھوٹی چیز پر بھی اپنے کسی بندہ کو ایک ذرہ کے برابر بھی اپنے اختیار کے جیسا اختیار عطا فرمائے؟ اور اگر وہ ایسا کر لیتا تو اس طرح تو پھر وہ اپنی مخلوق کو خود ہی اپنے ساتھ شریک کر لیتا۔ گو ایک چھوٹی سی چیز پر ہی سہی اور ایک ذرہ کے برابر ہی

سہی۔!(نعوذ باللہ)۔ پھر اگر معاذ اللہ کسی ہستی کا ایک ذرہ کے برابر بھی کسی چیز کے معاملے میں اللہ تعالیٰ کا شریک یا اس کے جیسا ہونا ممکن ہوتا تو پھر اس سے زیادہ ہونے میں بھلا کیا رکاوٹ تھی؟ جب یہ ممکن ہو سکتا تھا تو پھر یہ بھی ممکن ہو سکتا تھا کہ اللہ تعالیٰ کسی ہستی (مثلاً نبی یا ولی) کو کسی چیز کے معاملے میں "ہر طرح سے" اپنے اختیار جیسا اختیار عطا فرما دیتا۔!! پھر جب ایک "ایک چیز کے معاملے میں" کسی مخلوق کو اللہ کی طرف سے اس کے اپنے اختیار جیسا اختیار عطا ہو سکتا تھا تو پھر "تمام چیزوں کے معاملے میں" اسی کے اختیار جیسا اختیار کیوں نہ عطا ہو سکتا تھا؟؟ اس طرح خالق اور مخلوق کے درمیان کیا خاص فرق باقی رہ جاتا؟ پھر اللہ تعالیٰ انبیاء علیہ السلام کو لوگوں کے پاس کس چیز کی دعوت دینے کے لئے بھیجتا؟؟

اسباب کو انبیاء علیہ السلام اور اولیاء کرام کا محکوم سمجھ لینا اور ان میں اللہ کے اختیار جیسے اختیارات (چاہے تھوڑے سے ہی ہوں) مان لینا، یہ سوچ لینے سے جائز اور ممکن نہیں ہو جاتا کہ ان انبیاء علیہ السلام اور اولیاء کو یہ تمام اختیارات اللہ تعالیٰ نے ہی عطا کیے ہیں، انہوں نے اپنے اندر خود سے تھوڑی پیدا کیے ہیں!! اللہ تعالیٰ بہت بلند اور پاک ہے اس بات سے کہ وہ اپنی کسی مخلوق کو کسی معمولی چیز پر بھی اپنے اختیار جیسا اختیار یا کوئی اور صفت ذرہ برابر بھی عطا فرمائے۔ اور پھر انبیاء علیہ السلام کو بھی بھیج دے کہ وہ لوگوں کو شرک سے بچنے تلقین کریں!! کونسا شرک ہو گا اس کے بعد، جس سے انبیاء علیہ السلام لوگوں کو روکیں گے؟ وَلَا یُشْرِكُ فِیْ حُكْمِهٖۤ اَحَدًا۔ "اور وہ اپنے حکم میں کسی کو شریک نہیں کرتا۔" (الکھف: ٦٢)۔

وہی ہوتا ہے جو اللہ کو منظور ہوتا ہے

اللہ تعالیٰ کا اختیار یہی تو ہے کہ زمین و آسمان کی ہر ایک مخلوق خواہ جاندار ہو یا بے جان، ہر طرح سے اللہ کے فرمان کی پابند اور اسی کی محکوم ہے۔ اس کے اختیار کی تو یہ شان ہے کہ وہ کام کو ہو جانے کا حکم فرماتا ہے تو کام ہو کر رہتا ہے۔ اللہ تعالیٰ کی مرضی اور چاہت ہو اور کام نہ ہو، یہ ہر گز ہر گز نہیں ہو سکتا، کبھی بھی نہیں ہو سکتا۔ پھر کیا اللہ کے سوا کوئی اور ہستی ایسی ہے جس کی جب بھی، جو بھی چاہت ہو، وہ پوری ہو جائے؟

کیا انبیاء کرام جو چاہتے ہیں ہو جاتا ہے؟ رسول کریم صلی اللہ علیہ وسلم سے زیادہ اللہ تعالیٰ کو کون محبوب ہو گا؟ تمام مخلوقات میں آپ صلی اللہ علیہ وسلم سے زیادہ معزز و مکرم بھلا کون ہو گا؟ لیکن ہم دیکھتے ہیں کہ رسول کریم صلی اللہ علیہ وسلم کی کئی چاہتیں پوری نہ ہو سکیں۔ صرف وہی خواہشیں پوری ہو سکیں جن کا پورا ہونا خود اللہ تعالیٰ کو منظور تھا۔ رسول کریم صلی اللہ علیہ وسلم نے آغازِ نبوت میں چاہا کہ مکہ کے سب لوگ اسلام لے آئیں۔ لیکن تیرہ سال تک دعوت دیتے رہنے کے باوجود مٹھی بھر چند افراد کے سوا کسی نے ایمان قبول نہیں کیا۔ یہاں تک کہ مکہ والوں کی بد سلوکیوں کی وجہ سے رسول اللہ صلی اللہ علیہ وسلم کو اپنے صحابہ y کے ساتھ مدینہ ہجرت کرنا پڑی۔ اگر اسباب اللہ کے رسول صلی اللہ علیہ وسلم کے محکوم ہوتے یعنی ان کے پاس اللہ کے اختیارات جیسے اختیارات (تھوڑے سے ہی) ہوتے تو پھر مکہ کے تمام لوگ آپ صلی اللہ علیہ وسلم کے خواہش کے مطابق اسلام قبول نہ کر لیتے؟؟ پھر کسی میں ہمت ہوتی کہ رسول کریم صلی اللہ علیہ وسلم اور ان کے

صحابہ y کو کوئی تکلیف پہنچانے کا خیال بھی دل میں لاتا؟؟ پھر طائف کے کفار آپ صلی اللہ علیہ و سلم کو پتھر مار مار کر زخمی کر دینے کی جرات کر سکتے تھے؟ پھر اُحد اور حنین و غیرہ کے میدانوں میں آپ صلی اللہ علیہ و سلم کو کفار سے جنگیں لڑنے کی زحمت اور مشقت اٹھانا پڑتی؟ پھر اُحد کی جنگ میں رسول اکرم صلی اللہ علیہ و سلم زخمی ہوتے؟ اور مسلمانوں کو ہزیمت کا سامنا کرنا پڑتا؟؟ پھر رسول اللہ صلی اللہ علیہ وسلم کو اپنی تمام زندگی تکالیف اور آزمائشوں میں بسر کرنا پڑتی؟؟؟

نبی کریمؐ نے اختیارات کیوں نہیں استعمال کیے؟

اگر کوئی یہ کہے کہ رسول اللہ صلی اللہ علیہ و سلم کے پاس اختیارات تو سب تھے لیکن وہ ان کو تب ہی استعمال کرتے تھے جب اور جہاں اللہ کا حکم ہوتا تھا۔ تو پھر سوال یہ ہے کہ پھر ایسے اختیار کا کیا فائدہ؟ ایسا اختیار کس کام کا جسے آدمی اپنی مرضی اور منشاء کے مطابق استعمال ہی نہ کر سکے؟ اور جب شروع سے آخر تک ہمیشہ یوں اللہ ہی کی مرضی اور اس کا حکم چلنا ہے تو پھر اللہ اپنا اختیار کسی کو عطا ہی کیوں فرمائے گا؟ مزید یہ کہ اللہ تعالیٰ نے انسانوں کو دین میں ان کی طاقت کی حدود کے مطابق پابند کیا ہے۔ جو جس کام کا زیادہ اہل ہوتا ہے اس پر اس کام کی ذمہ داری بھی زیادہ ہوتی ہے۔ آپ سوچ سکتے ہیں کہ اگر جنگیں لڑے بغیر کفار پر قابو پانے کی طاقت اور اختیار رسول اللہ صلی اللہ علیہ و سلم کے پاس ہوتا تو اللہ تعالیٰ اسے استعمال میں کیوں نہ لانے دیتا؟ یا کم از کم جنگ اُحد میں مسلمانوں کو شکست کھاتا دیکھ کر رسول اللہ صلی اللہ علیہ و سلم اپنی غیبی طاقت کے ذریعے کفار کو پسپائی پر تو مجبور کر ہی

سکتے تھے! مگر حقیقت یہ ہے کہ اللہ تعالیٰ نے ایسی طاقت کبھی کسی کو ایک لمحہ کے لئے بھی عطا نہیں فرمائی۔

اختیار صرف اللہ کا ہے

اللہ تعالیٰ اکیلا و تنہا لوگوں کی عبادتوں کا حقدار اور سزوار ہے۔ کیونکہ صرف وہی تمام طاقتوں، اختیارات اور اقتدار کا مالک ہے۔ اگر اللہ تعالیٰ نے کسی مخلوق کو اپنی جیسی طاقت یا اختیار ذرہ برابر بھی دیا ہوتا تو پھر اس کی عبادت کرنے سے بھی منع نہیں فرماتا۔ کیونکہ اس نے اگر کسی کو اپنی صفات میں شامل اور شریک کرنا تھا تو پھر اُسے عبادت میں بھی اپنے ساتھ شریک کرواتا۔ لیکن اللہ تعالیٰ نے اپنے سوا کسی کی معمولی سی عبادت کرنے کو بھی انتہائی سختی سے منع فرمایا ہے۔ اور تمام انبیاء علیہ السلام کو بھی یہی دعوت دینے کے لئے بھیجا ہے۔ کیونکہ اس نے اپنے جیسا اختیار ذرا سا بھی کسی کو عطا نہیں فرمایا۔

اَلَا لَہُ الْخَلْقُ وَالْاَمْرُ تَبٰرَکَ اللّٰہُ رَبُّ الْعٰلَمِیْنَ (الاعراف:۵۴)

"آگاہ رہو: پیدا کرنا اور حکم صادر کرنا اُسی کا حق ہے بہت بابرکت ہے اللہ جو تمام جہانوں کا رب ہے۔"

اِنِ الْحُکْمُ اِلَّا لِلّٰہِ اَمَرَ اَلَّا تَعْبُدُوْٓا اِلَّآ اِیَّاہُ ذٰلِکَ الدِّیْنُ الْقَیِّمُ وَلٰکِنَّ اَکْثَرَ النَّاسِ لَا یَعْلَمُوْنَ (یوسف:۴۰)

"حکومت صرف اللہ کی ہے۔ اُسی نے حکم دیا ہے کہ تم صرف اُس کی عبادت کرو۔ یہی سیدھا دین ہے۔ مگر اکثر لوگ نہیں جانتے۔"

کیا وفات کے بعد اختیارات میں اضافہ ممکن ہے؟ بعض لوگ اس غلط فہمی کا شکار ہیں کہ انبیاء علیہ السلام اور اولیاء کرام اپنی زندگیوں میں نہیں، تو وفات کے بعد ضرور بہت سے غیبی اختیارات اور قدرتوں کے مالک بن جاتے ہیں۔ پھر وہ دور و نزدیک ہر جگہ سے لوگوں کی پکاروں کو سنتے ہیں، ان کی مدد کو حاضر ہوتے ہیں اور مشکل کشائی فرماتے ہیں، وغیرہ وغیرہ۔ غرض کئی معاملات میں جس طرح چاہتے ہیں، کرتے ہیں۔ گویا دنیا کے بہت سے اسباب و قوانین ان کے حکم کے غلام بن جاتے ہیں۔

یہ ایک اور نہایت تعجب خیز دعویٰ ہے، جو یہ لوگ کرتے ہیں۔ اس بات کی تائید قرآن میں، رسول اکرم صلی اللہ علیہ وسلم کے فرامین میں اور صحابہ کرامؓ کے اقوال وغیرہ میں کہیں بھی سرسری طور پر بھی نہیں ملتی۔ رسول کریم صلی اللہ علیہ و سلم نے اپنی حیاتِ طیبہ میں تو قطعاً ایسی بات ارشاد نہیں فرمائی۔ آپ صلی اللہ علیہ و سلم کی وفات کے بعد اب کسی زندہ شخص کی ملاقات آپ صلی اللہ علیہ و سلم سے ممکن نہیں۔ پھر لوگوں کو عقیدے کے طور پر یہ بات کہاں سے ملی؟ در حقیقت یہ لوگوں کی گھڑی ہوئی باتیں ہیں جو شیطان نے ان کے دلوں میں ڈال دی ہیں، تاکہ انسانوں کو نجات کی راہ سے دور بھٹکا سکے۔

روحوں کو دنیا میں آنے کی ضرورت نہیں

پھر انبیاء علیہ السلام اور اولیاء کرام جیسی انتہائی مکرم ہستیوں کی ارواحِ مبارکہ کو اللہ تعالیٰ کے پاس جنتوں میں جو نعمتیں نصیب ہیں اور جو راحتیں میسر ہیں، ان کے

ہوتے ہوئے انہیں بھلا کیا ضرورت ہے کہ وہ دوبارہ اس مادی دنیا سے اپنا تعلق قائم کرنے کی فکر فرمائیں؟ اگر کوئی یہ کہے کہ ان انبیاء علیہ السلام اور اولیاء کی روحوں کا دنیا میں تشریف لانا، ان کی اپنی ضروریات کے لئے تو نہیں ہوتا البتہ وہ اپنے نام لیواؤں اور ماننے والوں کی مدد اور دستگیری کرنے اور انہیں برکات عطا کرنے کے لئے ضرور تشریف لاتے ہیں۔ نیز گنہگار مسلمانوں کی فریادوں اور حاجات کو سن کر وہ انہیں اللہ کے دربار میں پیش بھی فرماتے ہیں، تو پھر ان لوگوں سے سوال یہ ہے کہ نعوذ باللہ کیا اللہ تعالیٰ نے لوگوں کی پکاریں، دعائیں، التجائیں اور فریادیں خود سننے کا کام چھوڑ رکھا ہے؟؟ اور اس کام کو انبیاء علیہ السلام اور اولیاء کی روحوں کے حوالے کر رکھا ہے؟؟ وہ، جس کا علم اور اختیار کائنات کے ذرے ذرے پر محیط ہے، وہ کیا لوگوں کے حالات اور ان کی مشکلات و پریشانیوں سے ہر وقت آگاہ و باخبر نہیں ہے؟ وہ، جس کی نگاہ میں ایک گنہگار مسلمان بھی کسی کافر کے مقابلے میں کہیں زیادہ بہتر ہے، اور جو کفار اور اپنے نہ ماننے والوں کو تو بِن مانگے ہی برابر رزق اور نعمتیں دیے جاتا ہے، وہ کیا اپنے ماننے والوں، مسلمانوں کی پکاروں اور التجاؤں کو بھی نہیں سنے گا؟ اور انہیں صرف اُسی سے مانگنے پر بھی عطا نہیں فرمائے گا؟؟

روحیں کسی کی مدد نہیں کر سکتیں

یہ بھی بڑی ہی عجیب بات ہے کہ انبیاء علیہ السلام اور اولیاء جو نہ لوگوں کے خالق ہوں اور نہ مالک، جو لوگوں کو نہ پیدا کر سکتے ہوں، نہ انہیں موت دیتے ہوں، اور نہ انہیں رزق دیتے ہوں، بلکہ خود پیدا کئے گئے ہوں، وہ خود اپنی وفات کے بعد

تو دُور و نزدیک سے لوگوں کی پکاروں اور التجاؤں کو سن لیتے ہوں، اور ان کی ہر قسم کی مدد کے لئے ہر جگہ، ہر وقت حاضر ہو سکتے ہوں۔۔۔ لیکن اللہ ربُّ العالمین، جو ہر ایک شے کا تنہا خالق و مالک ہو، جو لوگوں کو پیدا بھی کرتا ہو اور خود ہی اپنے اختیار سے انہیں موت دیتا ہو، جو اکیلا لوگوں کو رزق دیتا ہو اور انہیں کھلاتا پلاتا ہو، جس کے علم اور قدرت نے ہمیشہ سے کائنات کی ہر ایک شے کو ہر آن گھیرے میں لے رکھا ہو۔۔۔ جو نہایت درجہ مہربان، بخشنے والا، معاف کرنے والا، رحم کرنے والا اور عطا فرمانے والا ہو، اور خود سے مانگے جانے پر بہت ہی خوش ہوتا ہو۔۔۔ وہ نہ تو اپنے بندوں کی فریادیں اور دعائیں سنے اور نہ مشکل وقت میں، دعا کرنے پر بھی، اپنے بندوں کی مدد و دستگیری فرمائے! بلکہ اس تمام کام کو فوت شدہ انبیاء علیہ السلام اور اولیاء پر چھوڑ دے!!!۔ سُبحَانَکَ ھٰذَا بُھتَانٌ عَظِیمٌ۔ کیسی نادانی، جہالت اور سراسر دھوکے اور خسارے کی بات ہے جو یہ لوگ کرتے ہیں۔! اللہ انہیں ہدایت دے۔ آمین۔

روحوں کی واپسی ممکن ہی نہیں

اصل بات یہ ہے کہ وفات کے بعد تمام انسانوں کی روحیں جس دنیا میں چلی جاتی ہیں وہ قطعاً غیر مادی، اور ہماری اس دنیا سے یکسر مختلف ہے۔ اُس دنیا کے اسباب و قوانین اِس دنیا کے اسباب و قوانین سے بالکل جدا اور مختلف ہیں۔ نہ اِس دنیا کی کوئی مخلوق اُس دنیا کے معاملات میں کوئی مداخلت کر سکتی ہے اور نہ اُس دنیا کی کوئی مخلوق اِس دنیا کے معاملات پر اپنا کوئی اثر ڈال سکتی ہے۔ وفات کے ساتھ ہی

بندہ کا مادی دنیا سے تعلق ختم ہو جاتا ہے اور اس کی "آخرت" شروع ہو جاتی ہے۔ اس لئے اس دوسری دنیا کو "دنیائے آخرت" یا "اُخروی دنیا" بھی کہا جا سکتا ہے۔ قبر میں بھی بندہ کی رُوح کا اس کے جسم کے ساتھ جو تعلق ہوتا ہے وہ اُخروی دنیا کے قوانین کے مطابق ہی ہوتا ہے، نہ کہ ہماری اس مادی دنیا کے قوانین کے مطابق۔ اسی لئے اس تعلق کے باوجود مردہ، مردہ ہی رہتا ہے، زندہ نہیں ہو جاتا۔ نہ ہمیں اُس کے حال کی کچھ خبر ہوتی ہے کہ اُس پر کیا گزر رہی ہے اور نہ اُسے ہمارے حالات کا کچھ پتہ ہوتا ہے (سوائے اس کے کہ اللہ خود ہی اپنی قدرت سے کچھ اُس کے علم میں لے آئے۔ البتہ خود اُس کے پاس جاننے کی کچھ طاقت نہیں ہوتی)۔ ورنہ اگر روحوں کا اِس دنیا میں آنا اور اِس میں تصرفات کرنا ممکن ہوتا تو وہ اپنے اصل جسموں میں لوٹ کر پہلے کی طرح زندہ انسانوں کے روپ میں واپس آتیں۔ لیکن یہ تمام انسانوں کا متفقہ مشاہدہ ہے کہ کوئی انسان مرنے کے بعد زندہ نہیں ہوتا چاہے وہ نیک ہو یا بد۔ ورنہ آج دنیا میں قبرستان ہی نہ ہوتے۔

چنانچہ انبیاء علیہ السلام اور اولیاء کو ان کی زندگیوں میں غیبی اختیارات اور قدرتوں کا حامل ماننا جس قدر غلط ہے اس سے کہیں زیادہ غلط اور خطرناک ان کو وفات کے بعد انہی اختیارات کا مالک سمجھنا ہے۔

معجزات سے لوگوں کو غلط فہمی

انبیاء کرام علیہ السلام اور اولیاء اللہ کی قدرت اور اختیارات کو ثابت کرنے کے لئے ان کی زندگیوں سے جتنے واقعات پیش کئے جاتے ہیں ان میں سے کئی ایک

بے سند ہوتے ہیں اور باقی واقعات معجزات و کرامات کی قبیل سے ہوتے ہیں۔ جن کے بارے میں پیچھے بیان ہو چکا ہے کہ ایسے واقعات صرف اور صرف اللہ تعالیٰ کے اِذن اور اختیار سے پیش آتے ہیں اور ان میں انبیاء کرام علیہ السلام اور اولیاء کے اختیار اور مرضی کا کچھ دخل نہیں ہوتا۔

تاہم کچھ لوگ معجزات و کرامات کے واقعات سے غلطی میں پڑ جاتے ہیں اور یہ نتیجہ نکال بیٹھتے ہیں کہ اللہ نے یقیناً اپنے ان بندوں کو ایسی غیبی قوتیں عطا کر رکھی تھیں جن کی مدد سے وہ بعض کاموں کو اسباب کے بغیر سرانجام دے لیا کرتے تھے، یا بعض کاموں میں اسباب کے پابند نہیں تھے بلکہ اسباب ان کے محکوم تھے۔ اس بناء پر وہ ان ہستیوں کو بعض یا اکثر معاملات میں نفع و نقصان کا مالک سمجھنا شروع کر دیتے ہیں۔ یوں وہ خود بخود ان ہستیوں سے اُمّید، خوف اور حد درجہ تعظیم وابستہ کر لیتے ہیں۔ جس کا لازمی نتیجہ پھر یہ نکلتا ہے کہ مصائب اور مشکل حالات میں وہ ان ہستیوں کو پکارنا، ان پر توکل کرنا اور ان سے مدد طلب کرنا، نیز اللہ کی مدد کے لئے ان کا وسیلہ پکڑنا شروع کر دیتے ہیں۔ اور اس طرح وہ شرکِ اکبر کی دلدل میں دھنستے چلے جاتے ہیں۔

اس سب کی بنیاد ان کا یہ غلط نظریہ ہوتا ہے کہ اللہ کے نیک اور برگزیدہ بندے (خواہ وہ فوت ہی کیوں نہ ہو چکے ہوں) جو چاہیں کر سکتے ہیں۔ یعنی وہ اسباب کے پابند نہیں۔ اب ظاہر ہے کہ غیب کا علم رکھنے، لوگوں کے دلوں کا حال جان لینے اور ان کی پکاریں سن کر ہر جگہ ان کی مشکل کشائی اور مدد کرنے کی قدرت رکھنے ایسے کاموں کے لئے مادی دنیا میں کوئی سبب نہیں پایا جاتا۔ لہٰذا انبیاء کرام علیہ

السلام اور اولیا اللہ کو ان صفات کا حامل سمجھنے والے اُنہیں اسباب سے بلند ہی مان رہے ہوتے ہیں۔ حالانکہ جو اسباب کا پابند ہوتا ہے وہ اپنی مرضی سے ہر قسم کا کام نہیں کر سکتا۔ اور جو اپنی مرضی سے سب کچھ کر سکتا ہے وہ اسباب کا پابند نہیں ہوتا۔ اور ایسی صرف اللہ کی ذات ہے۔ اور یہی فرق ہے خالق اور مخلوق میں۔

عبادت اور اِلٰہ کا مفہوم

مشرکینِ مکہ اور باقی ہر دور کے مشرکین نے ٹھیک یہی غلطی اپنے جھوٹے معبودوں کے بارے میں کی تھی۔ انہوں نے اپنی پسندیدہ ہستیوں کو اسباب سے بلند مان کر انہیں نفع و نقصان کا مالک سمجھتے ہوئے ان سے رغبت، خوف اور اُمید رکھنا شروع کر دیا۔ جس کے نتیجے میں ان کے اندر اُن ہستیوں کے لئے عاجزی، خشیت، تعظیم، توکل اور شوقِ قربت پیدا ہو گیا۔ چنانچہ انہوں نے اپنے معاملات میں ان ہستیوں کو پکارنا، ان سے مدد طلب کرنا اور ان کا وسیلہ پکڑنا شروع کر دیا۔ یہی چیز ہے جو اصل میں عبادت کہلاتی ہے۔ اور جن جن ہستیوں کے لئے یہ اعمال و کیفیات رَوا رکھی جائیں وہ دراصل اِلٰہ یا معبود ہیں۔

اللہ ہی ہے جو، جو چاہے کر سکتا ہے اور کرتا ہے۔ کیونکہ وہی تمام اشیاء اور اسباب کا خالق، مالک اور حاکم ہے۔ صرف اُسی کا حق ہے کہ اس کے لئے عاجزی، ذلت، انکساری، خشیت، خوف، محبت اور اُمید اختیار کی جائے۔ صرف اور ہمیشہ اسی پر توکل رکھتے ہوئے اس کو پکارا جائے، حد درجہ تعظیم کے ساتھ صرف اس سے مدد مانگی جائے اور اس کے پاک ناموں اور صفات کا وسیلہ پکڑا جائے۔ یعنی عبادت ہو تو صرف اللہ کی، کیونکہ صرف وہی اس کے لائق ہے۔ وہی سچا اِلٰہ ہے اور حقیقی معبود ہے۔ باقی تمام ہستیاں جن کی عبادت لوگ اللہ کو چھوڑ کر کرتے ہیں، وہ جھوٹے اِلٰہ

اور معبودانِ باطلہ ہیں۔

لَااِلٰہ اِلا اللہ ۔۔۔

نہیں ہے کوئی اِلٰہ (معبود) اللہ کے سوا۔۔۔

اللہ کی عبادت کے ساتھ دوسروں کی عبادت کرنا شرک ہے جس کا مرتکب اسلام سے خارج اور (اگر پکی توبہ نہ کرے تو مرنے کے بعد) دائمی جہنمی ہے۔

زندگی کا اصل اور اولین مقصد

صرف اللہ کو اِلٰہ ماننا، یعنی تمام اقسام کی عبادات (جیسے دعا، پکار، مدد طلب کرنا، نذر، قربانی، ذبیحہ، طواف، قیام، سجدہ وغیرہ) اور عبادات پر مبنی احساسات و کیفیات (مثلاً خوف، امید، توکل، محبت، تعظیم وغیرہ) کو اسی کے لئے خاص کرنا توحیدِ اُلوہیت یا توحیدِ عبادت کہلاتا ہے۔ اسی توحیدِ عبادت کے لئے اللہ تعالیٰ نے تمام انبیاء علیہ السلام کو وقتاً فوقتاً دنیا میں بھیجا۔ بلکہ انسانوں اور جنوں کو بھی صرف اس لئے پیدا فرمایا کہ وہ توحیدِ عبادت پر عمل و یقین رکھیں۔

وَمَا خَلَقْتُ الْجِنَّ وَالْاِنْسَ اِلَّا لِیَعْبُدُوْنِ (الذاریات:٦٥)

"اور میں نے جن و انس اسی لئے تو پیدا کئے ہیں کہ وہ صرف میری عبادت کریں۔"

کلمۂ طیبہ لَآ اِلٰہَ اِلَّا اللہ مُحَمَّدٌ رَّسُوْلُ اللہ کا بنیادی مفہوم

لَآ اِلٰہَ اِلَّا اللہ کا مطلب یہ ہے کہ کوئی بھی ہستی (نبی، ولی، جن و انس، شجر، حجر وغیرہ) ایسی نہیں جو اللہ تعالیٰ کی کسی ایک صفت یا خاصیت میں ذرہ برابر بھی حصہ رکھتی ہو۔ جسے وسائل اور اسباب کے بغیر کائنات کے ایک ذرہ پر بھی معمولی سی قدرت یا اختیار ہو۔ جو ہر وقت، ہر جگہ، ہر چیز کا علم رکھنے والی اور کنٹرول رکھنے والی ہو۔ لوگوں کی سب حاجات پوری کرنا اور مشکلات دور کرنا جس کے بس میں ہو۔ جو دُور و نزدیک ہر جگہ سے لوگوں کی پکاریں سنتی ہو، اور پکارے جانے کے لائق ہو۔ ہر قسم کی نذر و نیاز اور قربانی جس کے نام پر کی جانا اُس کا حق ہو۔ جس کے واسطے اور وسیلے سے دعائیں مانگی جائیں۔ جسے حد درجہ تعظیم دی جائے۔ جس سے بے پناہ محبت، اُمید اور خوف رکھا جائے۔ جس کے حضور قیام، رکوع اور سجدہ ہو۔ قانون بنانا، حکم چلانا اور غیر مشروط و کامل اطاعت جس کا حق ہو۔ سب جس کے بندے اور محتاج ہوں۔ یقیناً ایسی کوئی ذات نہیں۔۔۔۔ ایک اللہ کے سوا۔

مُحَمَّدٌ رَّسُوْلُ اللہ کا مطلب یہ ہے کہ محمد مصطفی صلی اللہ علیہ و سلم، اللہ تعالیٰ کے آخری رسول، اس کے بندے اور بشر ہیں۔ زندگی کے ہر شعبہ میں ان کی ایک ایک سنت حرفِ آخر اور ایک ایک حکم واجب الاطاعت ہے۔ ان کے قول و عمل کے مقابلے میں کسی کا قول و عمل ہر گز توجہ کے قابل نہیں ہے۔ اور ان کے ہر قول و

عمل کی وہی تعبیر معتبر ہے جو صحابہ کرام رضی اللہ عنہم سے ثابت ہے۔ دین کے نام پر کی جانے والی ہر چیز جو نبی کریم صلی اللہ علیہ وسلم اور ان کے صحابہ سے ثابت نہ ہو، وہ بدعت، گمراہی اور قابل ردّ ہے۔

ان عقائد کا حامل اور فاعل ہی کلمہ کے اقرار میں سچا سمجھے جانے کا مستحق اور جنت کا اُمیدوار ہونے کا حقدار ہے۔

***